著色圈圈畫：名人肖像
5個數字畫出維妙維肖人物肖像

著色圈圈畫：名人肖像

原 書 名／Querkles: Bring to Life 20 Iconic Portraits
作　　者／湯瑪斯・帕維特（Thomas Pavitte）
譯　　者／韓書妍

總 編 輯／王秀婷
責任編輯／向艷宇
行銷業務／黃明雪、陳志峰
版　　權／向艷宇

發 行 人／涂玉雲
出　　版／積木文化
　　　　　104台北市民生東路二段141號5樓
　　　　　官方部落格：www.cubepress.com.tw
　　　　　電話：(02) 2500-7696　傳真：(02) 2500-1953
　　　　　讀者服務信箱：service_cube@hmg.com.tw　service@cubepress.com.tw
發　　行／英屬蓋曼群島商家庭傳媒股份有限公司城邦分公司
　　　　　台北市民生東路二段141號2樓
　　　　　讀者服務專線：(02)25007718-9　廿四小時傳真專線：(02)25001990-1
　　　　　服務時間：週一至週五上午09:30-12:00、下午13:30-17:00
　　　　　郵撥：19863813　　戶名：書虫股份有限公司
　　　　　網站：城邦讀書花園www.cite.com.tw
香港發行所／城邦（香港）出版集團有限公司
　　　　　香港灣仔駱克道193號東超商業中心1樓
　　　　　電話：852-25086231　傳真：852-25789337
馬新發行所／城邦（馬新）出版集團 Cité (M) Sdn. Bhd.
　　　　　41, Jalan Radin Anum, Bandar Baru Sri Petaling, 57000 Kuala Lumpur, Malaysia.
　　　　　電話：603-90563833　傳真：603-90562833

封面字型／葉若蒂
內文編排／上晴彩色印刷製版有限公司

2015年（104）12月1日初版一刷
2015年（104）12月15日初版二刷
EAN：471-770-209-021-0　定價：350　版權所有，不得翻印
ISBN 978-986-459-008-7

城邦讀書花園
www.cite.com.tw

湯瑪斯·帕維特 著
Thomas Pavitte
韓書妍 譯

著色圈圈畫：名人肖像
5個數字畫出維妙維肖人物肖像

隨書附贈
著色圈圈畫
拉頁海報

積木文化

一起動手塗圈圈！

著色本或數字著色本是孩提時代的好玩伴，你我對它都不陌生。圈圈畫則是永不退流行的著色畫中，一股大膽的新趨勢，加上無法一眼看透的元素，激盪你的想像力，挑戰你的創造力。

隱身在全書數百個堆疊的謎樣圈圈中的，是20幅名人畫像。圈圈交疊的部分標有從1至5的號碼，每一個編號代表一種顏色：1號用最深的色調，5號用最淺的，沒有編號的部分則留白。上色後，令人熟悉的臉孔就會神奇地浮現。

上色的方式有很多種，例如單一色彩的深淺變化，或是多種色彩組合，或者嘗試使用不同的媒材，像是墨水筆、鉛筆或顏料，上色方法的可能性是無窮的！

最簡單的入門畫法就是只用單一顏色，以交叉線條來製造出深淺不一的調子。當你覺得上手後，就可以嘗試發明自己的色彩組合了。

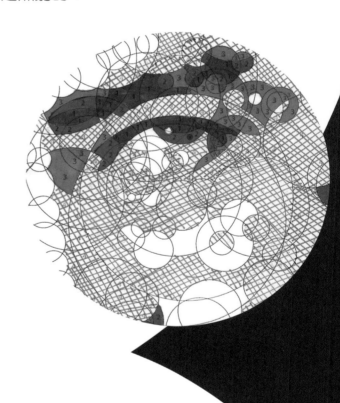

完成人像後，請退後幾步好好欣賞你的藝術創作，順便讚歎自己竟然只靠幾個圈圈和5種顏色就能完成如此的傑作。

訣竅

- 著色時，若要填滿整個區塊，最好使用筆頭較粗的色筆，免得光上一個顏色就花去好幾個小時。
- 畫交叉格線時，使用不同粗細的色筆可以畫出各種不同的色調。
- 最簡單的著色法，就是同樣數字的空間一次塗完，比如所有標著1號的區塊，接著再塗2號，以此類推。
- 放膽去玩，不要害怕嘗試新手法。

幫圈圈上色

只要準備足夠各色深淺不一的色筆，你
就可以隨心所欲地為圈圈著色。

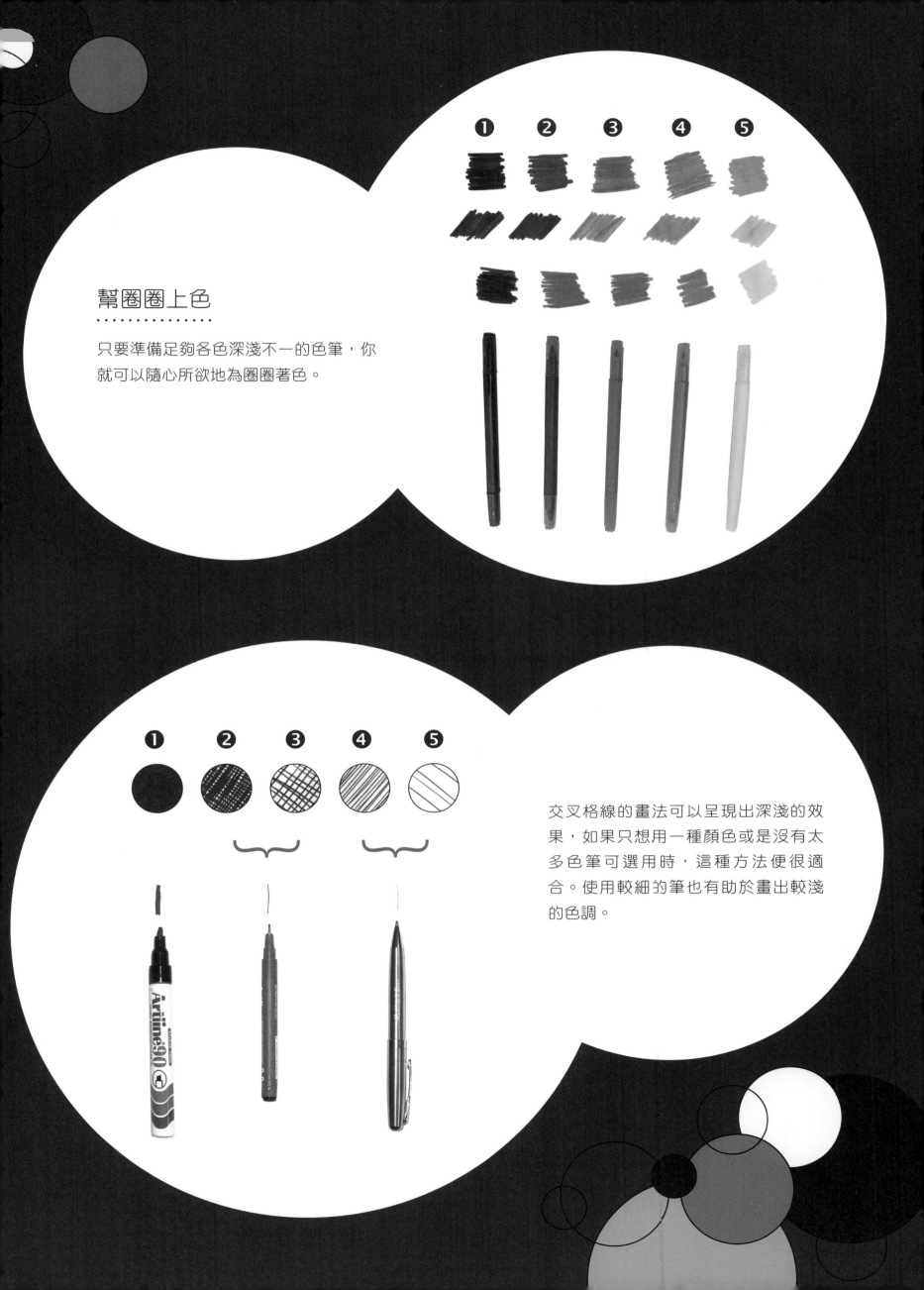

交叉格線的畫法可以呈現出深淺的效
果，如果只想用一種顏色或是沒有太
多色筆可選用時，這種方法便很適
合。使用較細的筆也有助於畫出較淺
的色調。

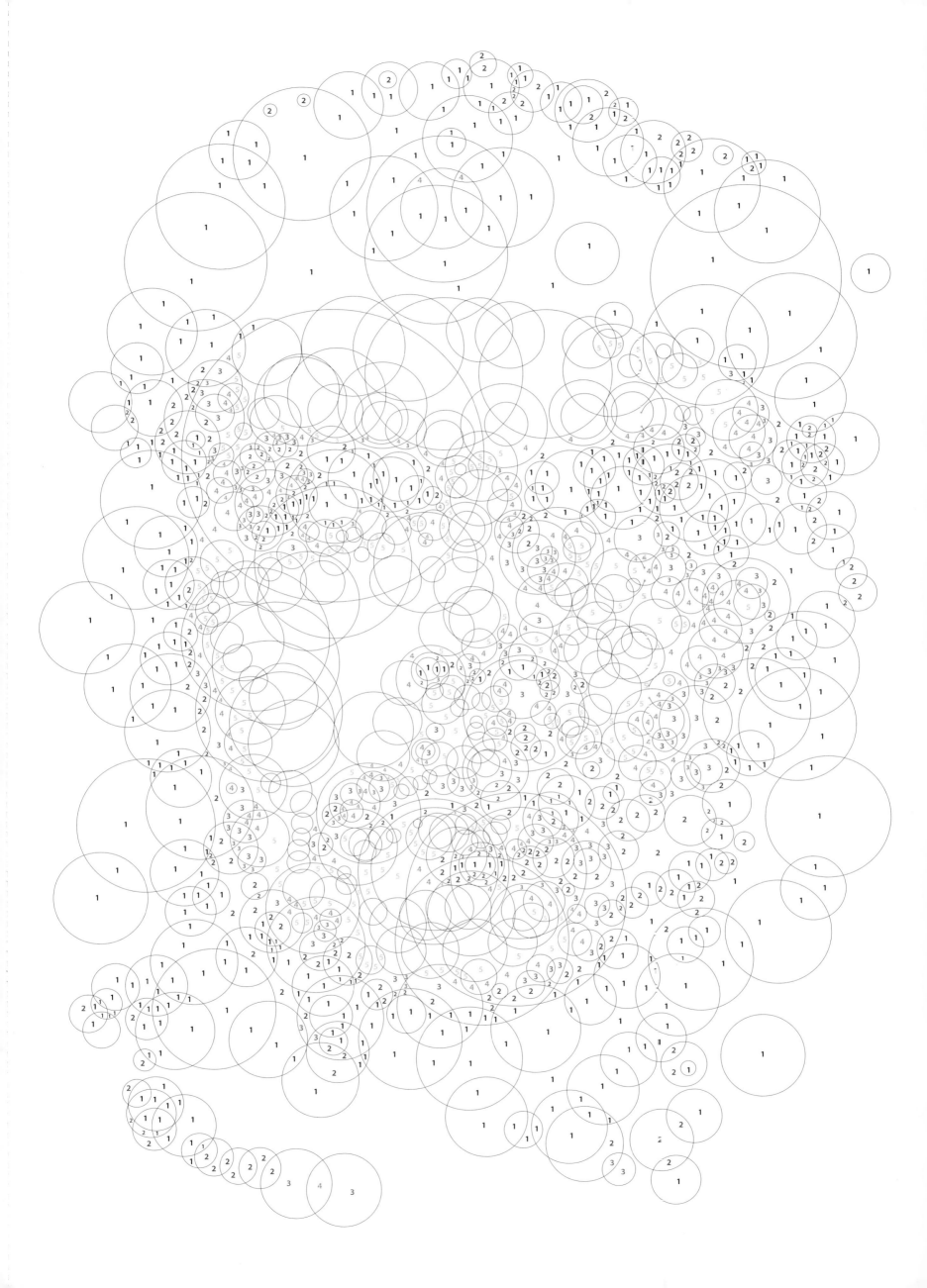

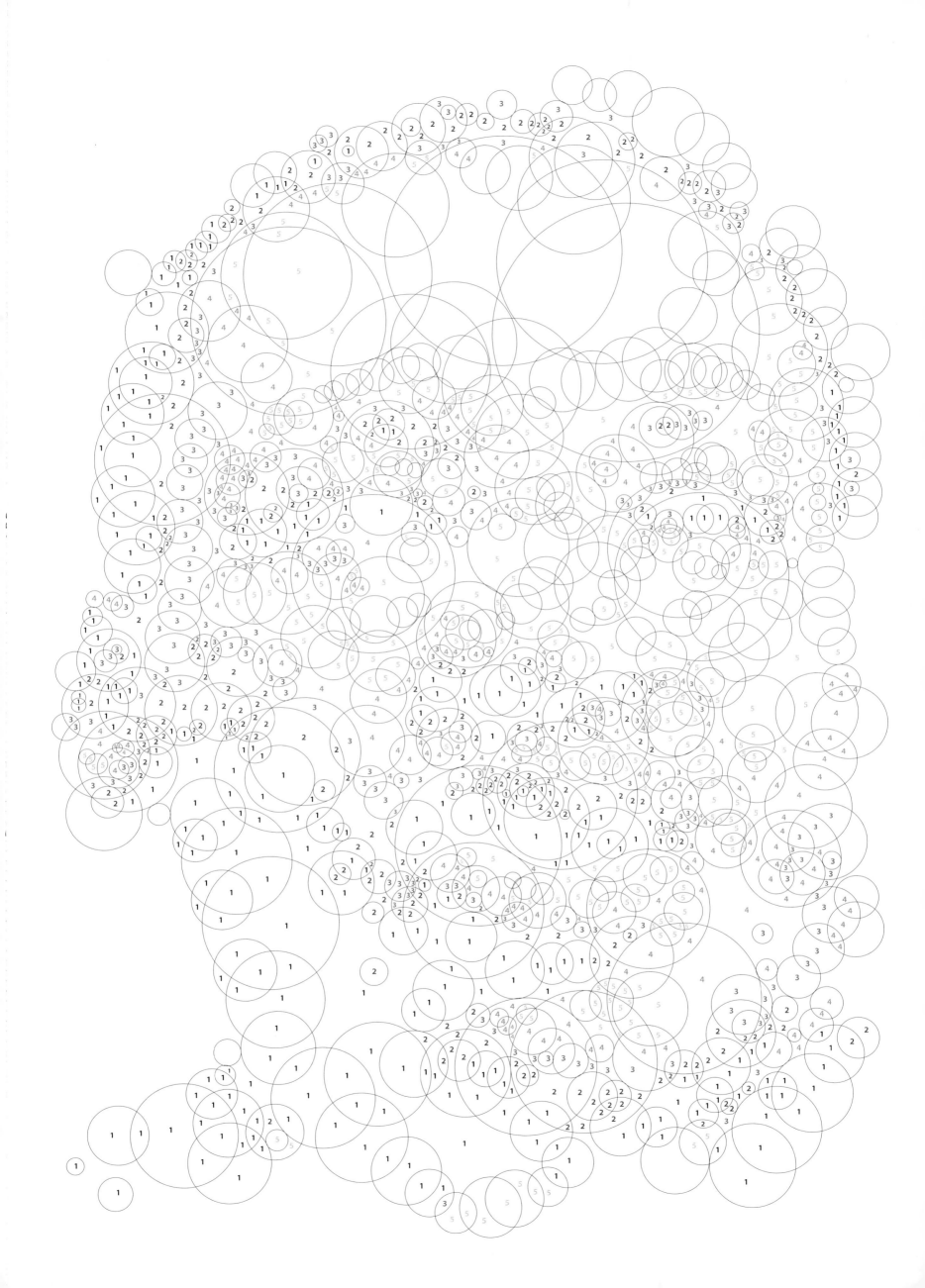

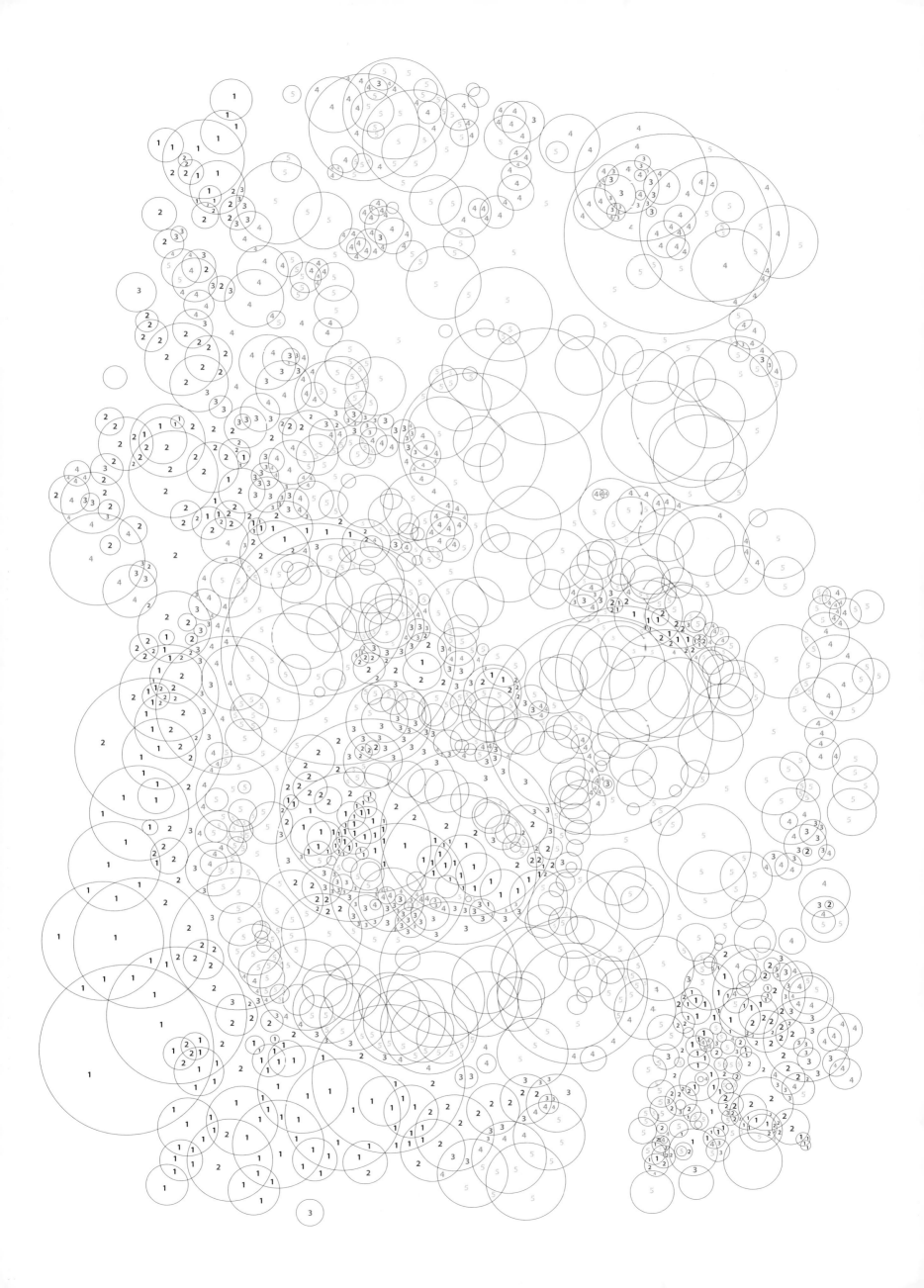

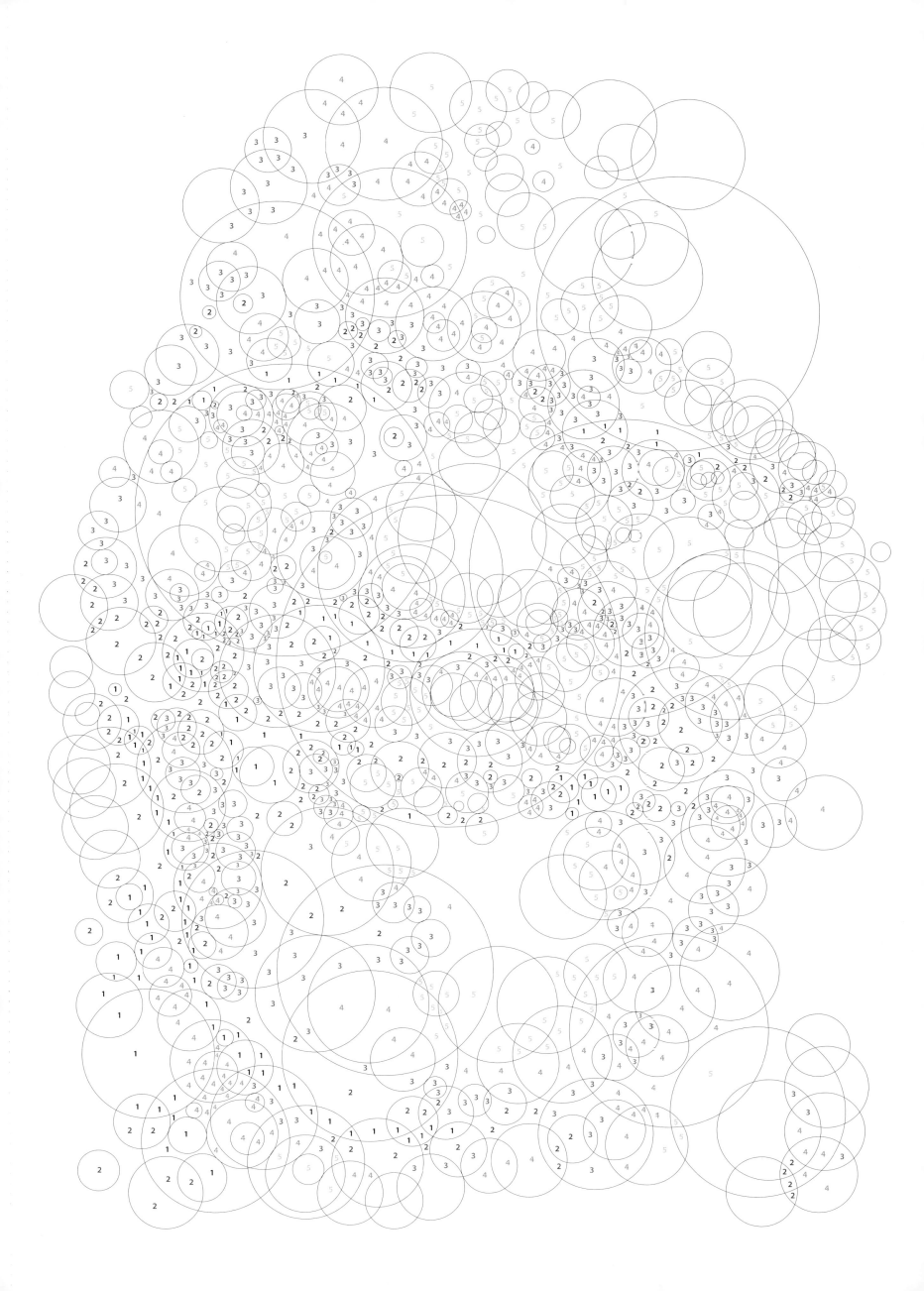

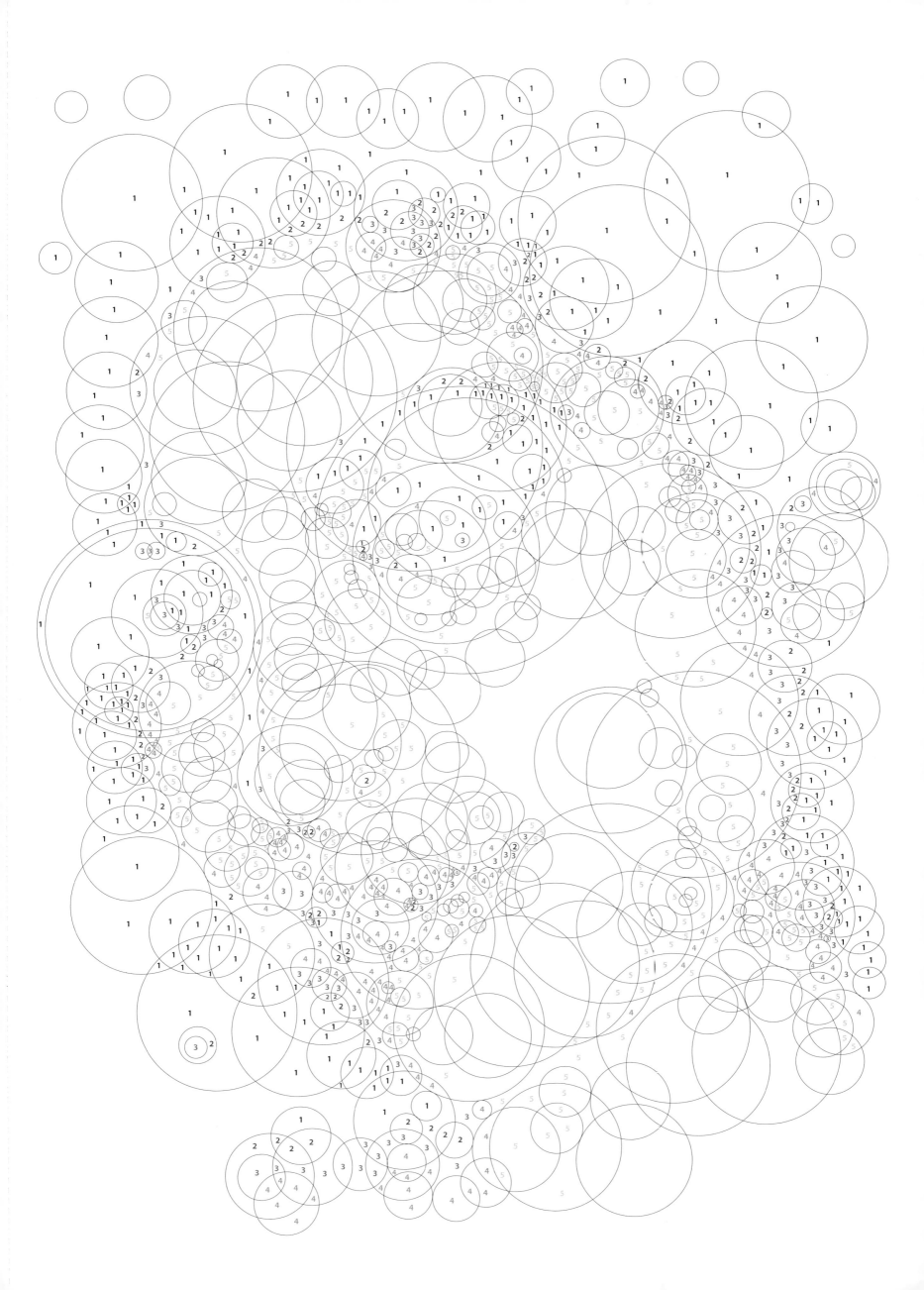

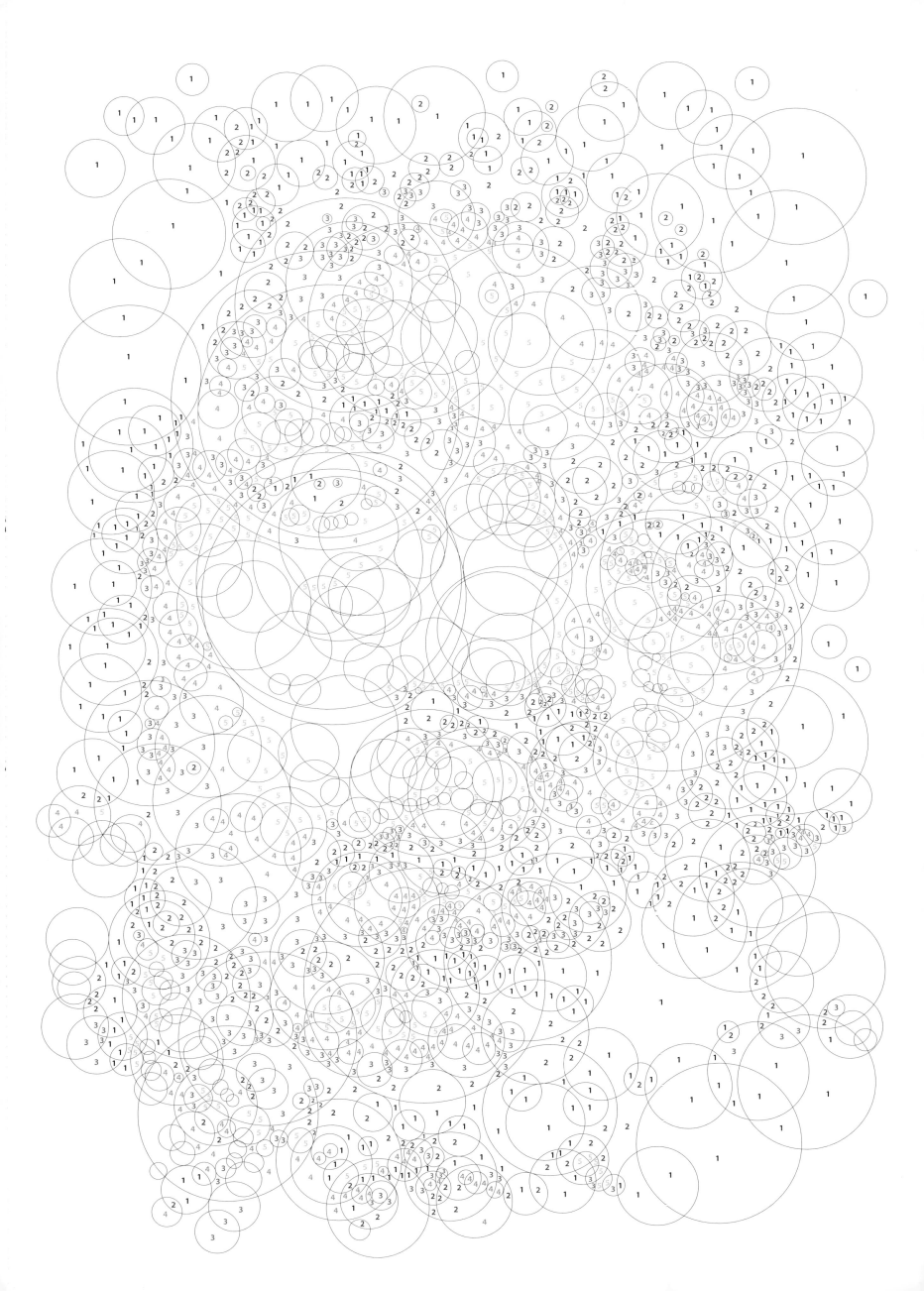

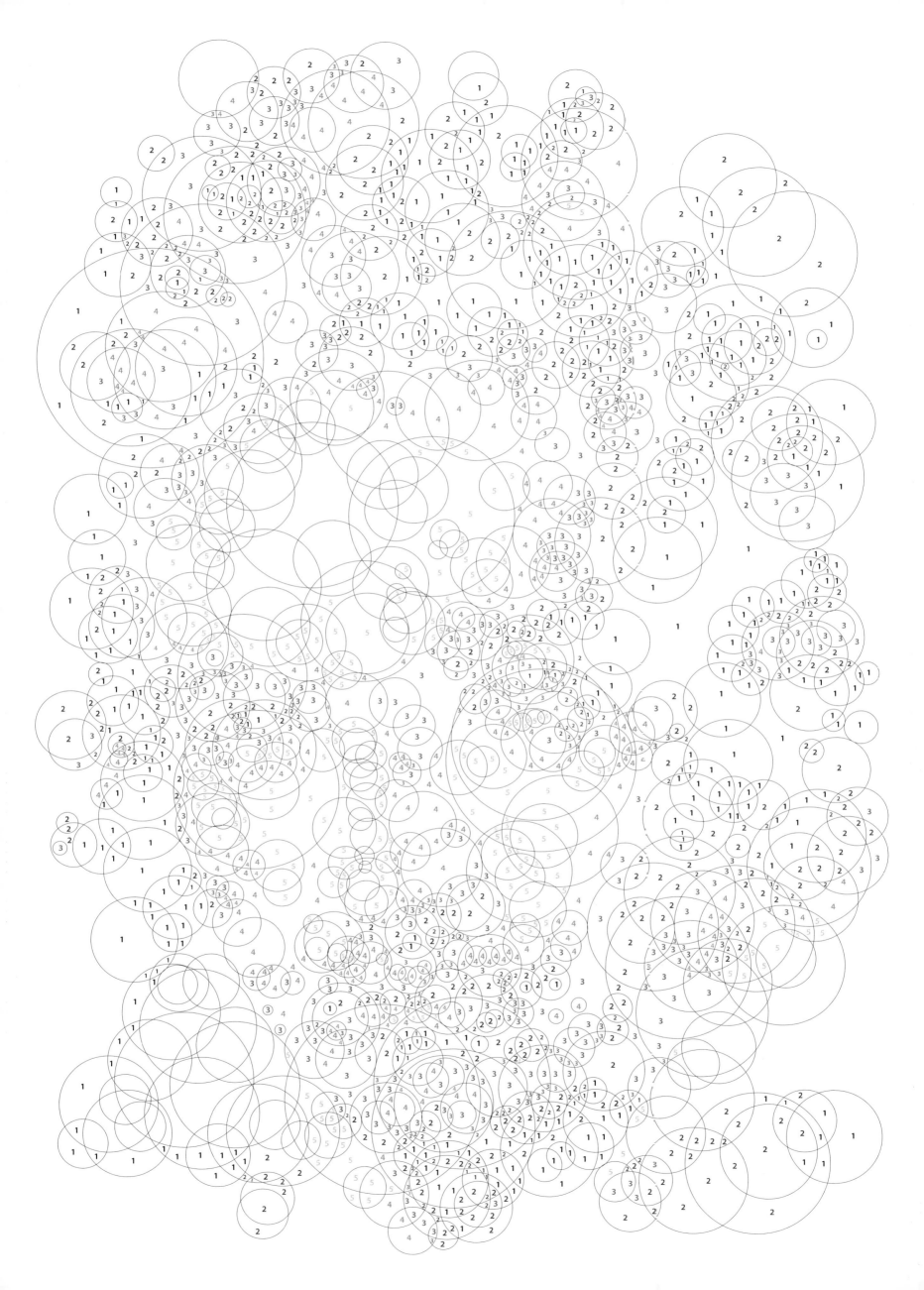

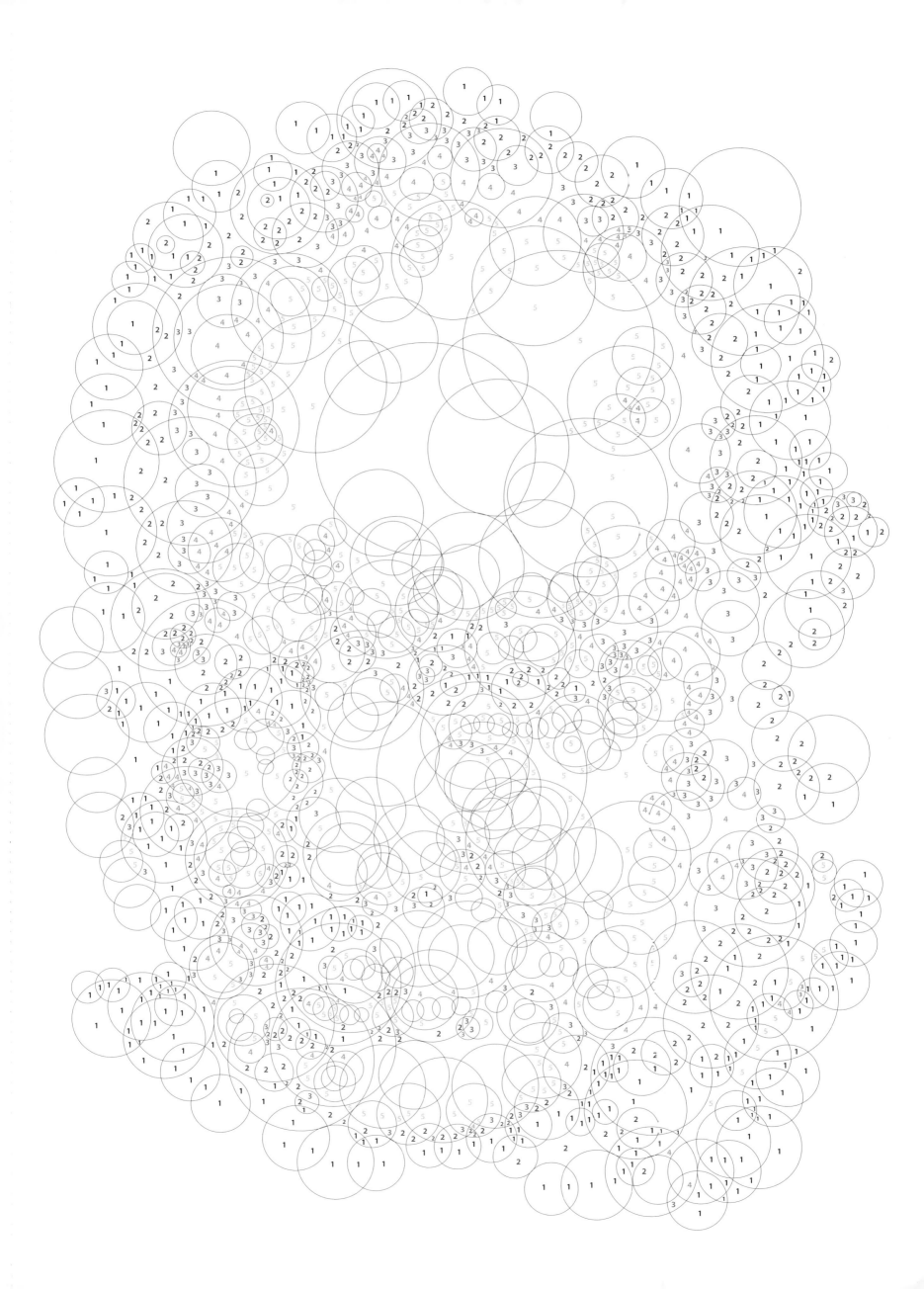

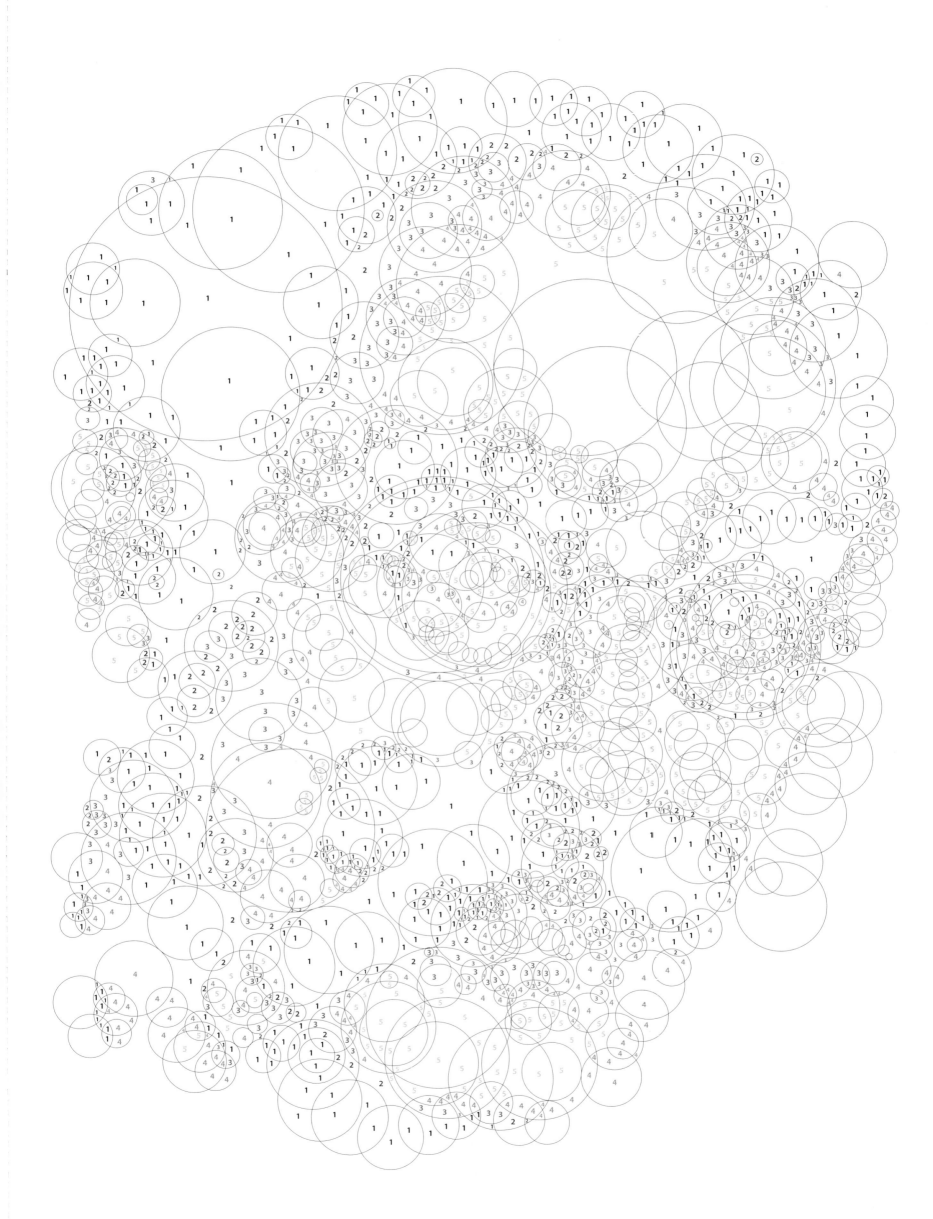

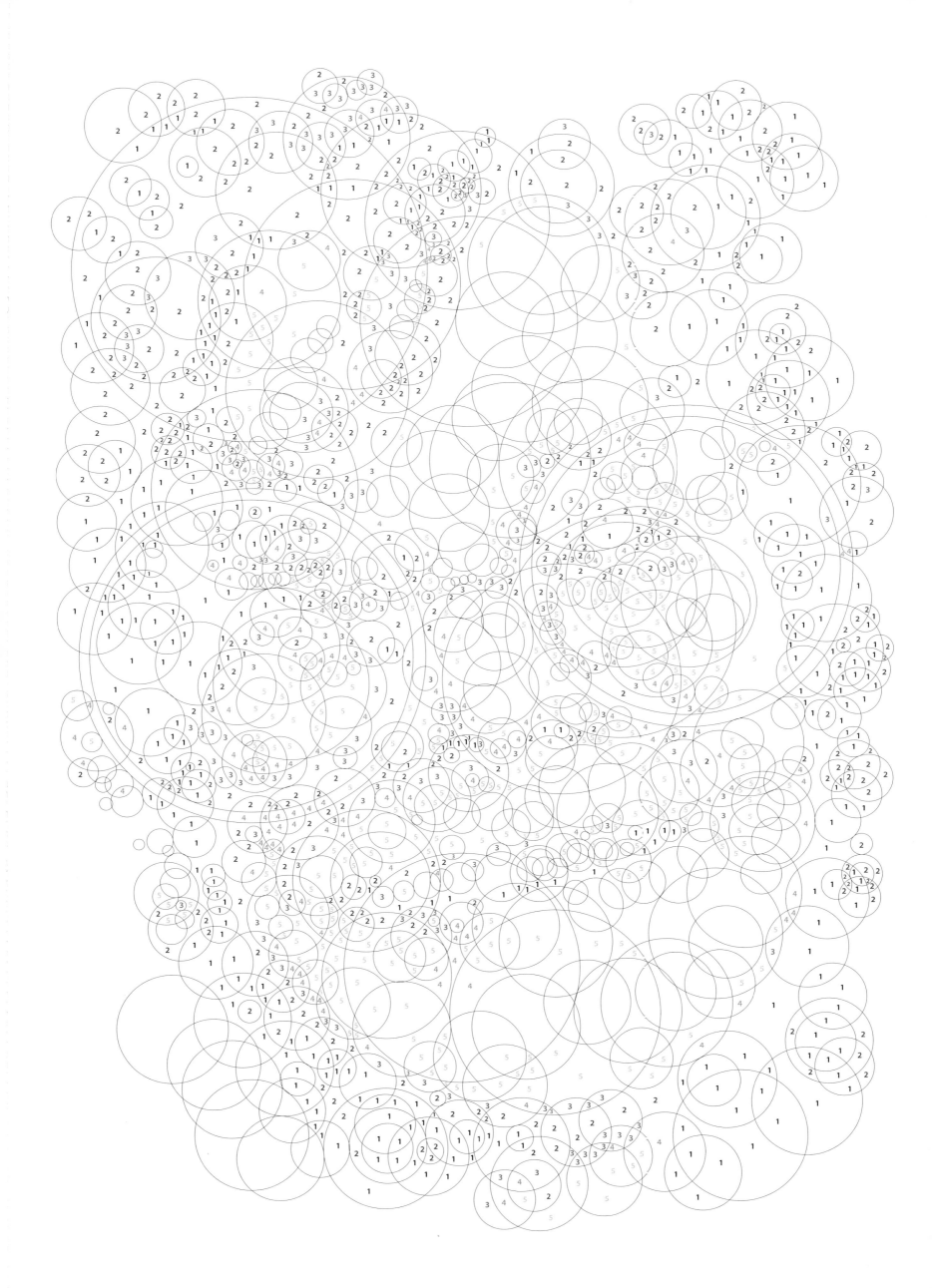

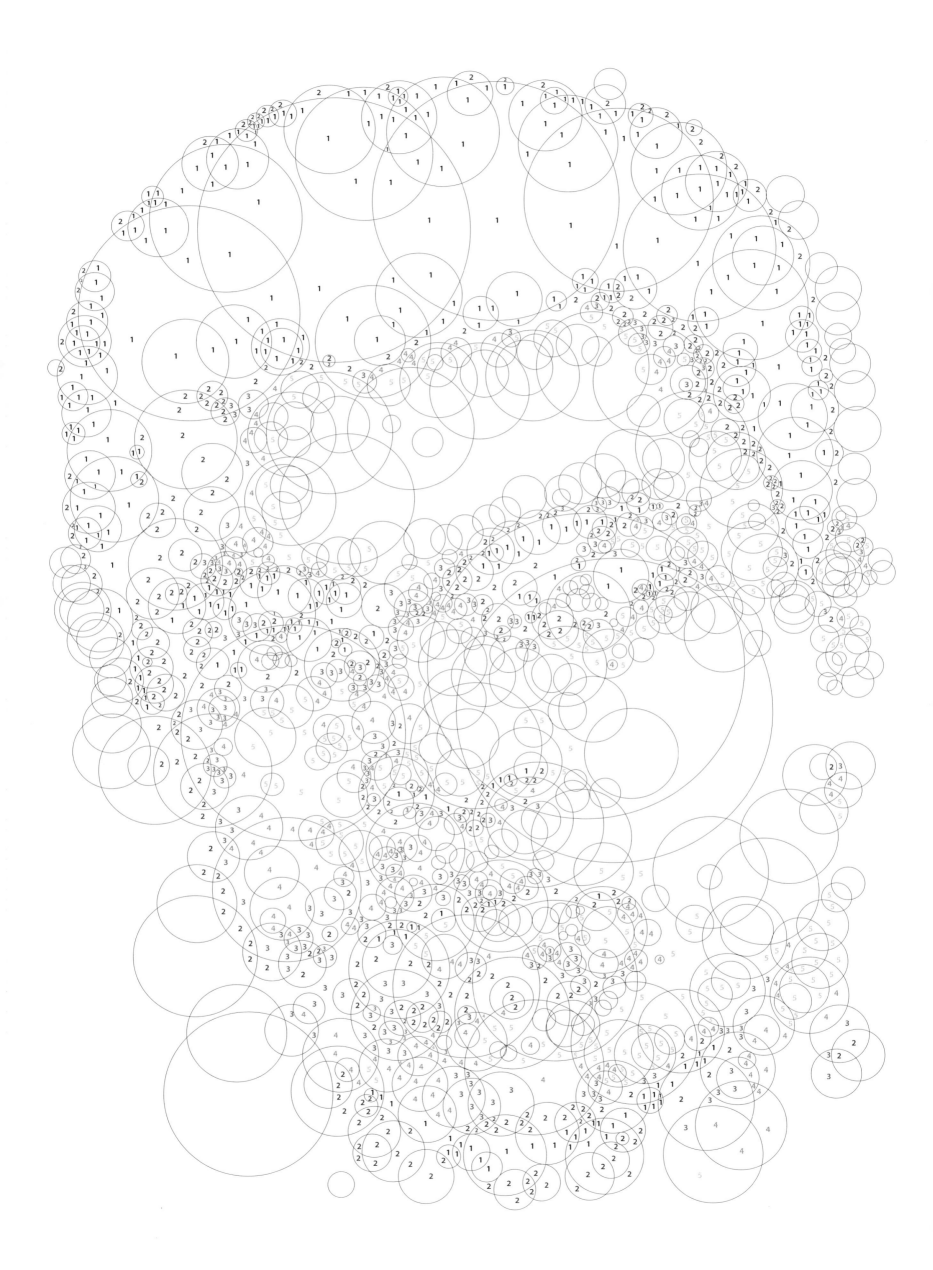

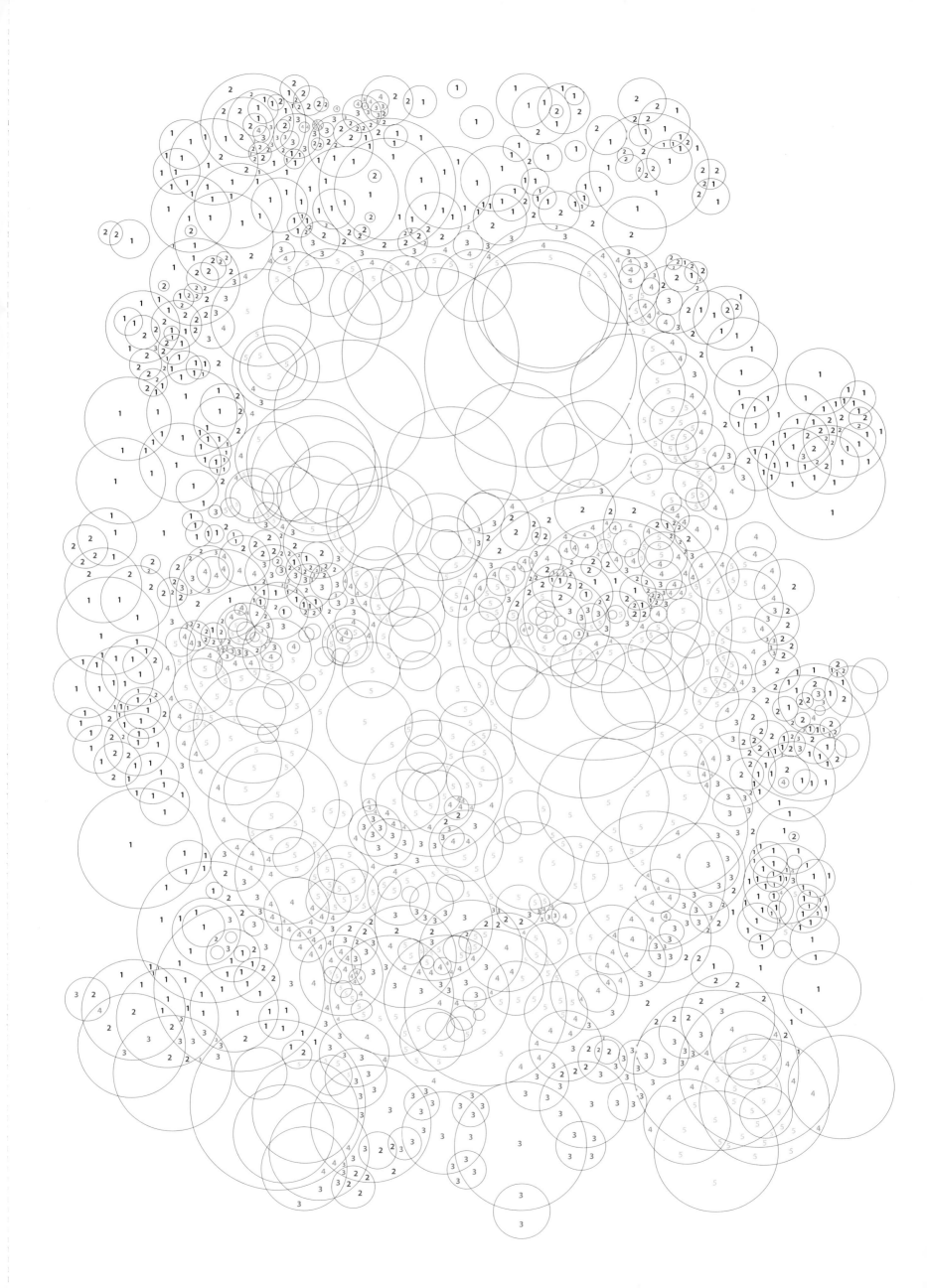

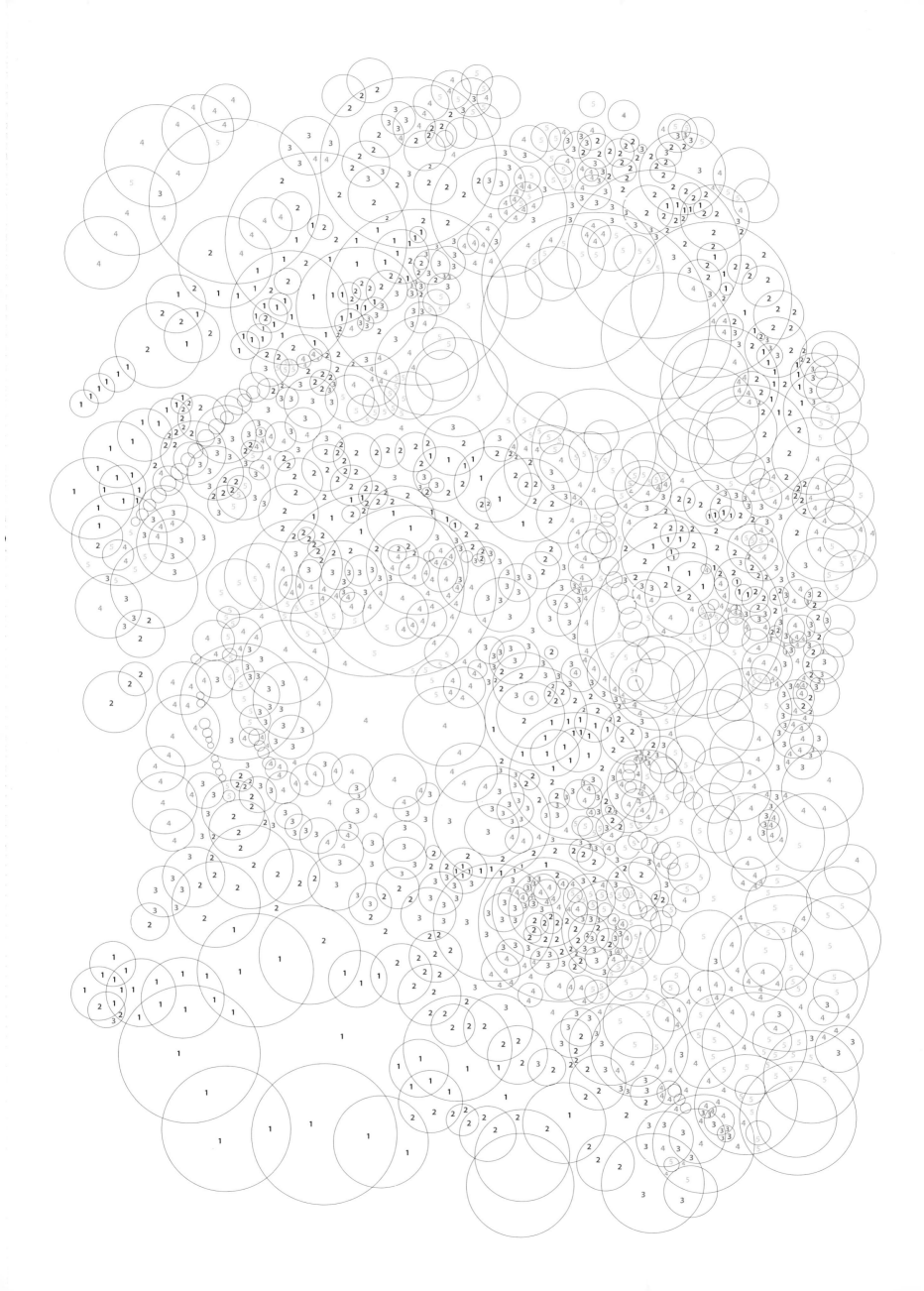

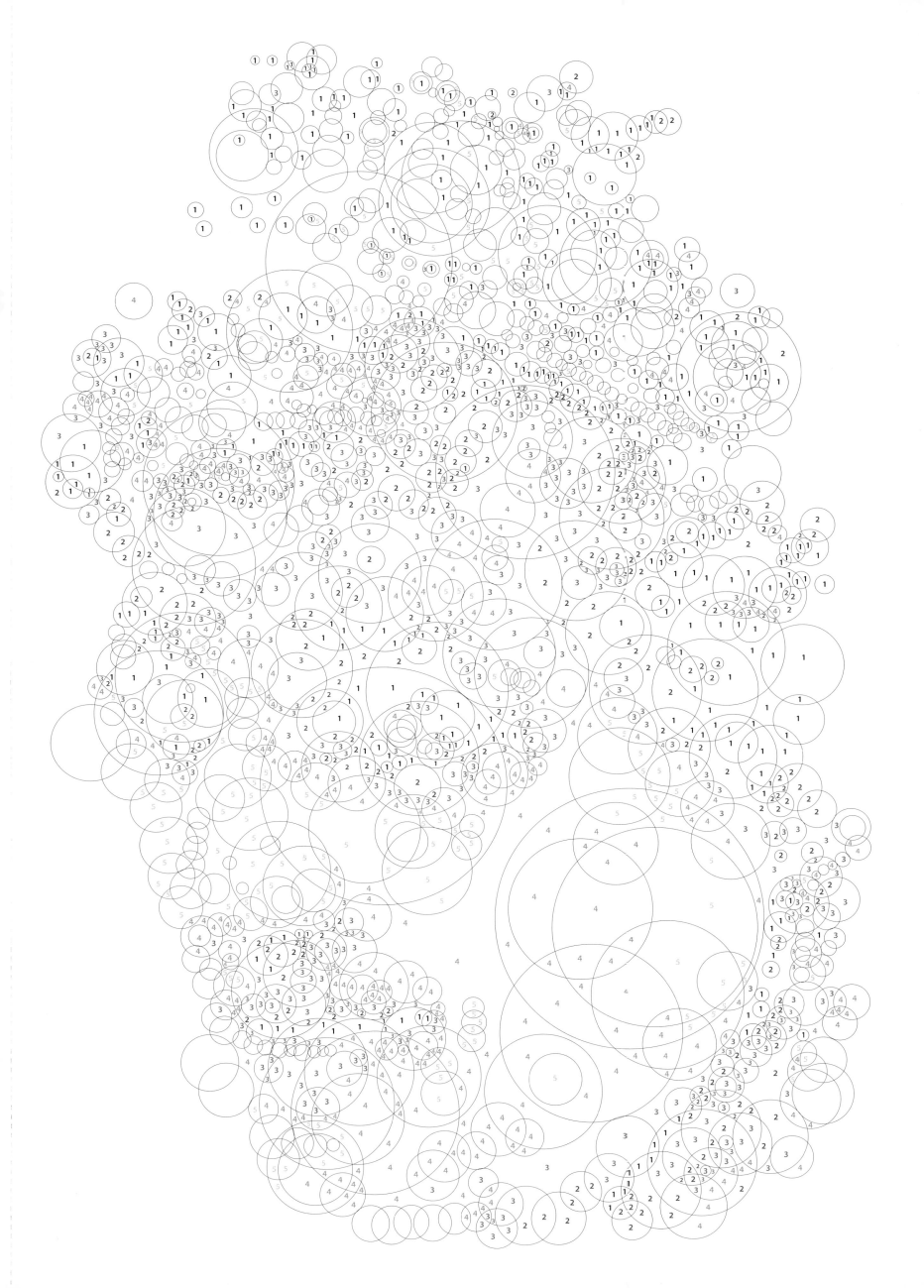

吉姆・莫里森（JIM MORRISON）
門戶樂團（THE DOORS）主唱

奧黛麗・赫本
（AUDREY HEPBURN）
演員

切・格瓦拉（CHE GUEVARA）
古巴革命領導人

馬丁・路德・金恩
（MARTIN LUTHER KING, JR.）
美國民權運動領袖

瑪麗蓮・夢露
（MARILYN MONROE）
演員

尼爾森・曼德拉
（NELSON MANDELA）
黑人民權領袖，前南非總統

艾美・懷絲
（AMY WINEHOUSE）
歌手

吉米・罕醉克斯
（JIMI HENDRIX）
歌手

芙烈達・卡蘿
（FRIDA KAHLO）
畫家

貓王
（ELVIS PRESLEY）
歌手

貝多芬
（LUDWIG VAN BEETHOVEN）
作曲家

溫斯頓・邱吉爾
（WINSTON CHURCHILL）
前英國首相

格魯喬・馬克斯
（GROUCHO MARX）
美國喜劇演員

珍妮絲・賈普琳
（JANIS JOPLIN）
歌手

穆罕默德・阿里
（MUHAMMAD ALI）
拳擊手

亞伯拉罕・林肯
（ABRAHAM LINCOLN）
前美國總統

伊莉莎白・泰勒
（ELIZABETH TAYLOR）
演員

寇特・柯本（KURT COBAIN）
涅槃樂團（NIRVANA）主唱

黛安娜王妃
（DIANA, PRINCESS OF WALES）

詹姆士・狄恩
（JAMES DEAN）
演員

致謝
…………

我想要向許許多多看著我完成這本書的人表達謝意。特別感謝 Ilex 出版社所有支持我的工作人員，他們與我一起腦力激盪，並協助編輯、測試及設計了這本書。最後，感謝每一位購買本書，認為動手著色永遠不嫌老的各位！

THOMAS
湯瑪斯・帕維特

Jim Morrison: Joel Brodsky/Corbis; Nelson Mandela: Reuters/Corbis; Audrey Hepburn: cineclassico/Alamy; Che Guevara: MARKA/Alamy; Ludwig van Beethoven: Fine Art Images/Getty Images; Marilyn Monroe: Michael Ochs Archives/Getty Images; Martin Luther King, Jr.: Michigan State University Archives; Amy Winehouse: Photoshot/Getty Images; Jimi Hendrix: Photoshot/Getty Images; Winston Churchill: Imagno/Getty Images; Frida Kahlo: Miguel Tovar/STF/Getty Images; Elvis Presley: Twentieth Century Fox Film Corporation/Sunset Boulevard/Corbis; Groucho Marx: Hulton Archive/Getty Images; Janis Joplin: David Gahr/Getty Images; Muhammad Ali: Library of Congress, Prints and Photos Division; photo Ira Rosenberg for World Journal Tribune; Elizabeth Taylor: Photos 12/Alamy; Kurt Cobain: Frank Micelotta/Getty Images; Diana, Princess of Wales: Reuters/Corbis; James Dean: Bettmann/Corbis